**PAIDEIA
ÉDUCATION**

MIXTE
Papier issu de sources responsables
Paper from responsible sources
FSC® C105338

ALBERT CAMUS

Le Mythe de Sisyphe

Analyse littéraire

© Paideia éducation.

1 rue Honoré - 93500 Pantin.

ISBN 978-2-7593-1565-9

Dépôt légal : Août 2022

Impression Books on Demand GmbH

In de Tarpen 42

22848 Norderstedt, Allemagne

SOMMAIRE

- Biographie de Albert Camus.. 9

- Présentation du *Mythe de Sisyphe*............................ 15

- Résumé de l'oeuvre.. 19

- Les raisons du succès.. 27

- Les thèmes principaux... 31

- Étude du mouvement littéraire.................................. 37

- Dans la même collection.. 41

BIOGRAPHIE DE ALBERT CAMUS

Albert Camus est né le 7 novembre 1913 en Algérie dans le domaine de Mondovi où travaille son père, Lucien Camus, employé chez des négociants en vins d'Alger. Le 3 août 1914, la guerre est déclarée. Lucien Camus est mobilisé chez les zouaves. Il rejoint la métropole pendant que sa femme regagne Alger avec ses deux enfants. Blessé pendant la bataille de la Marne, Lucien meurt le 11 octobre 1914 et est enterré dans le carré militaire du cimetière de Saint-Brieuc. Bon élève, Albert Camus obtient une bourse et intègre le lycée Bugeaud en 1924 d'où il sort avec le baccalauréat, mention « assez bien » en 1930. Il poursuit ses études en Lettres Supérieures (hypokhâgne) où il obtient le premier prix de composition française et le second prix de philosophie. En 1932, il publie ses premiers articles pour la revue *Sud*.

Atteint par la tuberculose, son état de santé l'empêche d'intégrer l'école normale, il s'inscrit donc à la faculté de philosophie de l'université d'Alger. En juin 1934, il épouse Simone Hié. En 1935, il milite avec un mouvement antifasciste et rejoint le parti communiste. Nommé directeur de la maison de la culture, il dirige le Théâtre du Travail qui donne son premier spectacle *Le Temps du mépris* adapté d'un roman de Malraux, le 25 janvier 1936. En mai 1936, Albert Camus obtient son diplôme d'études supérieures en philosophie. Il voyage en Europe centrale avec sa femme. Mais quand Camus découvre que cette dernière, dépendante à la morphine, entretient une liaison avec son fournisseur de drogue, il la quitte et demande le divorce.

En mai 1937, les éditions Charlot d'Alger publient son premier livre, *L'Envers et l'endroit* en 350 exemplaires. Exclu du parti communiste, il continue son activité théâtrale avec le Théâtre de l'Équipe. Son état de santé l'empêchant de présenter l'agrégation de philosophie, il rejoint la rédaction de *L'Alger Républicain* dans lequel il publie une série de reportages sur la Kabylie. En 1939, il rédige une première version de *Caligula* et publie *Noces*. La guerre déclarée, *L'Alger Républicain* est interdit, remplacé par *Soir Républicain* dont Camus devient le rédacteur en chef. Après l'interdiction du *Soir Républicain* en 1940, Camus rejoint la capitale et se fait engager comme secrétaire de rédaction du journal *Paris Soir*. En juin 1940, le journal est délocalisé à Clermont-Ferrand puis à Lyon. Son divorce enfin prononcé, il épouse sa compagne oranaise Francine Faure le 3 décembre. Licencié de *Paris Soir*, il s'installe avec sa femme à Oran où il termine la rédaction du *Mythe de Sisyphe*. En juin 1941, les éditions Gallimard publient *L'Étranger*, puis en octobre de la même année, *Le Mythe de Sisyphe* dans la collection *Les Essais*.

Engagé comme lecteur chez Gallimard, Camus s'installe à Paris en 1943, où il fait la connaissance de Jean-Paul Sartre. En 1944, les pièces *Caligula* et *Le Malentendu* paraissent chez Gallimard. Camus devient l'un des principaux rédacteurs de la revue clandestine *Combat*. À la libération, la revue sort son premier numéro officiel et Camus en devient le rédacteur en chef. En 1947, la grève des imprimeurs ayant grandement affecté les finances de *Combat*, Camus se voit contraint de quitter la rédaction. En juin 1947, les éditions Gallimard publient *La Peste*. Grand succès de librairie, le roman obtient le prix des critiques. En revanche sa pièce *L'État de siège* dont la première a lieu le 27 octobre 1948 est un échec total. L'année suivante, il donne une représentation de sa pièce *Les Justes* le 15 décembre 1949 puis se détourne de l'écriture théâtrale pour se consacrer à la mise en scène d'adaptations. En 1950, les éditions Gallimard commencent à publier les recueils *Actuelles* regroupant les articles politiques de Camus, notamment ceux parus dans *Combat*. En août 1951, la revue *Les Temps modernes* fait paraître en avant-première un extrait de *L'Homme révolté*, le nouvel essai de Camus qui sort en novembre. Mais un an plus tard, la revue publie une critique sévère de l'essai. Camus écrit une lettre au directeur, Jean-Paul Sartre, pour défendre son œuvre. La réponse de Sartre est empreinte de mépris. Les deux hommes resteront définitivement en froid.

En mai 1955, Camus commence à écrire pour le journal *L'Express*. Soutenant Pierre Mendes-France, il met fin à cette collaboration en février 1956 quand Guy Mollet est nommé président du conseil des ministres. En Algérie, la situation se dégrade. Camus y fait plusieurs voyages, plaidant la «trêve civile», puis finit par renoncer à intervenir sur un débat qu'il juge stérile. En mai 1956, les éditions Gallimard publient *La Chute* qui connaît le même succès que *La Peste* et en mars 1957, le recueil de nouvelles *L'Exil et le royaume*. En octobre 1957, l'Académie de Stockholm décerne à Camus le prix Nobel de la littérature pour l'ensemble de son œuvre. Jean-Paul Sartre avait refusé ce même prix en 1964, Camus lui l'accepte. Pour la presse littéraire qui considère que son œuvre est déjà derrière lui, ce prix a des allures de reconnaissance funéraire. Avec l'argent du prix, Camus achète une propriété à Loumarin dans le Vaucluse.

Le 3 janvier 1960, Camus quitte Loumarin et fait route vers Paris avec son éditeur, Michel Gallimard. Près de Sens dans l'Yonne, la voiture percute un platane. Camus est tué sur le coup. Gallimard décède à l'hôpital des suites de ses blessures. Dans la sacoche de Camus se trouve le manuscrit inachevé du *Premier Homme*, ultime roman autobiographique de l'auteur qui sera publié à titre posthume par Gallimard en 1994.

PRÉSENTATION DU MYTHE DE SISYPHE

Six mois après la sortie de *L'Étranger*, *Le Mythe de Sisyphe* parait chez Gallimard dans la collection « Les Essais » en octobre 1942. Tiré à 2750 exemplaires, l'ouvrage fait partie du cycle de l'absurde de Camus et précède celui de la révolte.

L'auteur souhaitait traiter de ce qu'il qualifie de « sensibilité absurde », l'attitude de l'homme confronté à l'absurdité de sa condition, à travers trois formes d'expression : le roman *L'Etranger*, l'essai *Le Mythe de Sisyphe* et le théâtre avec les pièces *Caligula* et *Le Malentendu* (1944).

Associé à tort à l'œuvre de Jean-Paul Sartre et à la philosophie existentialiste, Camus se défend d'être un philosophe, encore moins un existentialiste. *Le Mythe de Sisyphe* est au contraire dirigé contre ces philosophes dits existentialistes qui, pour lui, choisissent la voie de l'évitement et commettent un « suicide philosophique » en divinisant l'irrationnel.

Le titre *Le Mythe de Sisyphe* fait référence au héros de la mythologie grecque. Figure par excellence de l'homme absurde, Sisyphe est condamné par les dieux à pousser un lourd rocher au sommet d'une montagne pour le voir ensuite inlassablement retomber une fois le sommet atteint. Un châtiment qui illustre toute l'absurdité du monde et le non-sens de la vie.

Camus traite dans cet essai d'un problème philosophique majeur : le suicide. Lassé par son quotidien routinier, l'homme prend conscience de l'absurdité du monde, du non-sens de sa vie éphémère et de sa fin inéluctable : la mort. Considérant que la vie ne vaut pas la peine d'être vécue, il peut être tenté par le suicide. Mais pour Camus, le suicide n'est pas la solution, au contraire il s'agit plutôt d'un évitement qui va à l'encontre de la logique de l'absurde. L'homme doit plutôt confronter l'absurde et en tirer : révolte, liberté et passion. En prenant conscience qu'il est le seul maître de son destin et qu'il n'y a pas de lendemain, il pourra accéder au bonheur comme Sisyphe.

RÉSUMÉ DE L'OEUVRE

I- Un raisonnement absurde

1- L'absurde et le suicide

Si beaucoup vivent sans se poser de questions, certains éprouvent le sentiment de l'absurdité en prenant conscience du caractère dérisoire de leur existence routinière et de sa seule finalité : la mort. Camus s'intéresse aux deux réactions qui suivent ce constat : le suicide ou l'esquive. Soit l'on considère que la vie ne vaut pas la peine d'être vécue et l'on quitte au plus vite cette situation incompréhensible soit l'on continue à vivre par habitude, l'instinct de survie étant le plus fort, dans l'espoir d'une vie après la mort qui apportera un sens à tout cela. Camus refuse ces solutions estimant qu'il faut suivre le raisonnement absurde jusqu'au bout.

2- Les murs absurdes

Le sentiment de l'absurdité reste difficile à définir, Camus choisit donc de l'illustrer à travers une série d'expériences comme la lassitude du quotidien qui conduit soit à un éveil définitif soit à un retour à l'inconscient. Camus cite Jaspers, Heidegger, Chestov et Husserl, des philosophes qui, comme lui, ont conscience que seule la limitation du savoir humain est claire, le reste est incompréhensible. L'absurde naît de cette confrontation entre un monde irrationnel et le désir de l'homme d'y trouver unité et raison.

3- Suicide philosophique

L'absurde naît donc de la confrontation de ces deux idées incompatibles : l'homme en quête de clarté face à un univers dépourvu de raison. Pour Camus, il ne faut pas rejeter l'absurde ou s'en détourner en tentant de résoudre le conflit, mais le confronter.

Il récuse les doctrines qui vont à l'encontre de la logique de l'absurde en se situant hors de ce monde, qu'il s'agisse de croyances religieuses ou du suicide philosophique des existentialistes tels que Chestov, Jaspers et Kierkegaard.

4- La liberté absurde

L'absurde n'existe que tant que l'homme est pleinement conscient de ce conflit sans pour autant chercher à le résoudre. Il doit accepter l'absurde, vivre en pleine conscience une courte vie vouée à la mort, de laquelle il tirera révolte, liberté et passion. Par la révolte contre le non-sens de la vie et son inéluctable finalité, l'homme se confronte à sa noirceur. Il est libre de penser avec lucidité et d'agir selon ses choix, débarrassé de ses préjugés et habitudes. Abandonnant la notion de valeur, il peut privilégier la quantité d'expériences à la qualité : vivre avec passion dans le présent en ayant pleinement conscience de ce moment.

II- L'homme absurde

Camus illustre à travers trois figures, l'homme qui se confronte à l'absurde sans céder à l'espoir ou la tentation du suicide.

1- Le donjuanisme

Libéré de la morale et du concept de culpabilité, l'homme absurde est un « innocent » guidé par sa seule intégrité. Don Juan vit avec passion le moment présent, non dans l'espoir d'atteindre la transcendance ou de trouver une quelconque signification à sa vie. Conscient du non-sens de ses séductions, il n'est pas en quête du grand amour. Il préfère la continuelle répétition des conquêtes, privilégiant la quantité à la qualité de l'expérience.

2- La comédie

À l'opposé de l'écrivain qui vise la postérité, la gloire de l'acteur est éphémère. Son succès se limite à sa carrière comme le personnage d'une pièce qui ne dispose que d'un temps imparti sur scène pour exister. Libérés de cette illusion, les acteurs plus que tout autre artiste n'ont de choix que de vivre avec passion les mille vies qu'ils incarnent, conscients que rien de ce qu'ils font n'a de sens en dehors de l'acte lui-même.

3- La conquête

Ancré dans le moment présent, le conquérant poursuit ses idéaux sans pour autant s'y limiter. La politique est au cœur de ses préoccupations même si paradoxalement il reconnaît la futilité de sa lutte et n'espère pas changer la nature humaine. La conquête et la révolte permettent cependant à l'homme absurde de faire ressortir son potentiel. Ses objectifs et ses buts clairement définis, il prend pleinement conscience de lui-même et de ses capacités.

III- La création absurde

1- Philosophie et roman

Conscient de la futilité de son travail, le créateur est un homme absurde et ne cherche pas à apporter la vérité ou à atteindre la transcendance. Plutôt que d'expliquer, il se contente de décrire le monde dans toute son absurdité. Loin de libérer l'homme de l'absurde, en lui permettant de s'évader, la création littéraire tend à faire prendre conscience au lecteur de sa propre absurdité.

2- Kirilov

Les héros de Dostoïevski s'interrogent sur le sens de la vie, un thème qui illustre parfaitement l'absurdité de la condition humaine. Camus s'intéresse plus particulièrement au suicide de Kirilov dans *Les Possédés*, un acte de révolte motivé par l'idée que Dieu n'existe pas et qui montre au monde la liberté absurde. Loin d'être un acte de désespoir, c'est un acte créateur. Si Dieu existe, Kirilov est soumis à sa volonté, si Dieu n'existe pas, il est libre de ses choix. En tuant Dieu, Kirilov devient Dieu. Pour Camus, Dostoïevski propose une résolution au conflit absurde, c'est pourquoi il le considère davantage comme un existentialiste.

3- La création sans lendemain

La création est éphémère et le créateur doit être conscient que son travail est vain. Camus rejette les romans à thèse. Pour lui, le concret prime sur l'abstrait, le particulier sur le général, la diversité sur l'unité. Le créateur absurde offre une perspective du monde sans but de théoriser sur la nature humaine. Sa création est inféconde, elle ne cherche pas à donner une réponse à nos questions, au contraire elle consolide les murs de l'absurde.

IV- Le Mythe de Sisyphe

Héros absurde par excellence de la mythologie grecque, Sisyphe est condamné par les dieux à pousser un lourd rocher au sommet d'une montagne et à le voir retomber dès qu'il l'atteint. Quand Sisyphe descend chercher son rocher, il a pleinement conscience de l'inutilité de son travail et de l'absurdité de son destin, ce qui rend sa punition d'autant plus tragique. Mais cette conscience le place également au-dessus de son destin, il l'accepte. Libéré de l'espoir, la tristesse et la mélancolie disparaissent. L'homme absurde peut donc atteindre le bonheur. Camus conclut : « Il faut imaginer Sisyphe heureux. »

Appendice : L'espoir et l'absurde dans l'œuvre de Franz Kafka

Dans *Le Procès*, Joseph K. est condamné à mort sans savoir pour quel crime. Kafka place l'espoir d'une vie spirituelle dans le cadre ordinaire du système judiciaire et de la bureaucratie. Toute l'horreur de l'absurde dans ce roman est de voir les conséquences effroyables tomber sous le coup d'un ordre naturel et logique. Dans *Le Château*, Kafka dépasse le monde absurde du *Procès* et tente de trouver un espoir, une explication. Camus y voit une déification de l'absurde. Pour Kafka, le raisonnement absurde est stérile, il le rejette au profit d'un « saut existentiel » et place son espoir en Dieu. Il est donc plus existentialiste qu'absurde.

LES RAISONS
DU SUCCÈS

Camus écrit *Le Mythe de Sisyphe* en même temps que *L'Étranger* entre 1940 et 1941, au début de la Seconde Guerre Mondiale. Durant l'occupation allemande, il travaille pour le journal *Paris Soir* à Paris et en fidèle défenseur des droits de l'homme, participe à un mouvement de résistance. La métaphore de l'exil utilisée pour décrire la condition humaine et le sentiment que la vie est une lutte insignifiante et futile illustrent parfaitement le désarroi de l'époque. Luttant contre un régime brutal et oppressif, loin de son Algérie natale, Camus se sent étranger dans ce monde dont il ne saisit plus le sens.

Dans *Le Mythe de Sisyphe*, Camus traite de ce qu'il qualifie de « sensibilité absurde », l'attitude de l'homme confronté à l'absurdité de sa condition, ce sentiment de nausée comme le qualifie Jean-Paul Sartre. L'essai fait partie du cycle de l'absurde avec le roman *L'Etranger* (1942) et les pièces de théâtre *Caligula* et *Le Malentendu* (1944). Les éditions Gallimard publient *Le Mythe de Sisyphe* en octobre 1942 en pleine guerre. Sous l'occupation allemande, il est difficile de publier le chapitre sur Franz Kafka, juif pragois de langue allemande. Camus remplace donc le texte par un chapitre sur Kirilov, héros des *Possédés*. C'est la revue lyonnaise *L'Arbalète* qui publiera la première *L'espoir et l'absurde dans l'œuvre de Franz Kafka* en 1943 ainsi que le texte de Kafka *Recherches d'un chien*, révélant l'auteur au public français. Il faudra attendre 1948 pour que l'étude soit réintégrée dans *Le Mythe de Sisyphe*. Elle n'y retrouvera toutefois pas sa place originelle. Camus l'ajoute en appendice pour conserver le chapitre sur Kirilov et ne pas avoir à remanier son essai.

L'œuvre rencontre un certain succès auprès de la jeunesse désemparée, encore marquée par la débâcle de 1940 et privée de valeurs traditionnelles, qui y voit un manuel du non-sens. L'essai vaudra d'ailleurs à Camus la réputation de pessimiste, ce qui le conduira à son cycle de la révolte avec l'essai *L'Homme révolté* (1951), le roman *La Peste* (1947) et les pièces *Les Justes* (1948) et *L'État de siège* (1949). « Essai justement célèbre dès sa parution », *Le Mythe de Sisyphe* confirme qu'Albert Camus est en passe de devenir un écrivain de premier ordre et on ne tarde pas à associer son nom à celui d'une autre sommité : Jean-Paul Sartre. Avec le succès rencontré par *La Nausée* en 1939 qui rate de peu le Goncourt, Sartre commence à devenir célèbre et le terme d'existentialisme est à la mode. Sans l'étude sur Kafka pour faciliter la compréhension du livre, *Le Mythe de Sisyphe* est mal interprété et classé à tort comme un traité philosophique existentialiste. Camus se défend pourtant d'être un philosophe, encore moins un existentialiste. « Non, je ne suis pas un existentialiste [...] le seul livre d'idées que j'ai publié : *Le Mythe de Sisyphe* était dirigé contre les philosophes dits existentialistes », déclare-t-il dans le journal *Nouvelles littéraires* en 1945. De son côté, Sartre souligne les différences entre son œuvre et celle de Camus dans le magazine *Paru* : « La philosophie de Camus est une philosophie de l'absurde et l'absurde naît pour lui du rapport de l'homme et du monde, des exigences raisonnables de l'homme et de l'irrationalité du monde [...] Ce que j'appelle absurde est une chose très différente : c'est la contingence universelle de l'être, qui est, mais qui n'est pas le fondement de son être ; c'est ce qu'il y a dans l'être de donné, d'injustifiable, de toujours premier. »

LES THÈMES PRINCIPAUX

L'absurde

Prisonnier d'un quotidien routinier où le temps se succède inexorablement pour le mener à une fin inéluctable : sa mort, l'homme prend conscience de l'absurdité de sa condition : « Sous l'éclairage mortel de cette destinée, l'inutilité apparaît [...] Ce divorce entre l'homme et sa vie, l'acteur et son décor, c'est proprement le sentiment de l'absurdité. » Sisyphe illustre parfaitement ce cycle de répétition.

Ce qui intéresse principalement Camus ce sont les réactions qu'engendrent la prise de conscience que la vie est dépourvue de sens : l'espoir d'un au-delà qui apportera un sens à l'existence ou le renoncement et la tentation du suicide. Pour Camus, ces solutions n'ont rien de satisfaisant dans le sens où elles détournent l'homme de l'absurde au lieu de l'y confronter.

L'homme doit vivre l'absurde en pleine conscience et en tirer sa révolte, sa passion et sa liberté. « Sentir sa vie, sa révolte, sa liberté, et le plus possible, c'est vivre et le plus possible. Là où la lucidité règne, l'échelle des valeurs devient inutile. » Il ne doit pas se contenter de penser l'absurde, il doit le vivre avec passion comme Don Juan enchaîne les conquêtes et les vaines séductions, comme le comédien incarne son personnage conscient du temps qu'il lui est imparti, comme le conquérant poursuit ses idéaux reconnaissant la futilité de sa lutte.

Le suicide

Le suicide est l'un des thèmes majeurs du *Mythe de Sisyphe* : « Il n'y a qu'un problème philosophique vraiment sérieux : c'est le suicide » affirme Camus. Face à l'absurdité de l'existence, l'homme peut s'interroger :

la vie vaut-elle la peine d'être vécue ? Deux solutions s'offrent alors à lui, l'espoir et le renoncement : le suicide. « Se suicider c'est reconnaître l'absence de toute raison profonde de vivre. »

Camus refuse ces deux solutions. Pour lui, céder à l'une ou à l'autre revient à se détourner de l'absurde en résolvant le conflit de l'homme en quête d'unité dans un univers dépourvu de raison. Il faut au contraire se confronter à l'absurde et pousser le raisonnement jusqu'au bout. « Est-ce que l'absurdité de la vie exige qu'on lui échappe ? » Pour Camus, il existe donc une troisième solution. La conscience de vivre une existence dépourvue de sens ne conduit pas nécessairement à juger qu'elle ne vaut pas la peine d'être vécue. Au contraire, l'homme doit abandonner les jugements de valeur pour vivre le moment présent avec passion, libre d'agir selon ses choix, maître de son destin.

L'existentialisme

Comme Camus l'explique dans le chapitre « Le suicide philosophique », les raisonnements des existentialistes chrétiens vont à l'encontre de l'absurde. L'absurde naît de la confrontation entre l'homme rationnel et le monde dépourvu de raison. Tenter de résoudre ce conflit revient à s'en détourner, par le renoncement en choisissant le suicide ou par l'espoir métaphysique, « le saut existentiel ». En divinisant l'irrationnel et en plaçant leur espoir en une vie après la mort, les philosophes comme Jaspers, Chestov, Kierkegaard commettent « un suicide philosophique ».

Pour les existentialistes, l'existence précède l'essence. L'homme se définit par ses actions et n'est pas sa propre fin puisqu'il agit dans l'espoir d'atteindre la transcendance. Délivrée de cet espoir métaphysique, la pensée absurde considère au contraire que l'homme est sa propre fin : « L'homme absurde préfère le désespoir plutôt que les fausses illusions. »

Le bonheur

Le bonheur et l'absurde sont liés par la prise de conscience que notre destin nous appartient. La vie finit avec la mort, mais avant cela elle est entre nos mains. Pour atteindre le bonheur, l'homme absurde doit abandonner l'espoir et accepter que sa vie est simplement ce qu'il en fait. En se libérant de la pensée qu'une destinée supérieure l'attend après la mort ou qu'un Dieu juge ses actions, bonnes ou mauvaises, il prend conscience qu'il est seul maître de son destin personnel. Libre de vivre selon ses choix, il peut multiplier les expériences, vivre avec passion dans le moment présent et comme Sisyphe, continuer à faire rouler son rocher : « La lutte elle-même vers les sommets suffit à remplir un cœur d'homme. Il faut imaginer Sisyphe heureux. »

ÉTUDE DU MOUVEMENT LITTÉRAIRE

L'absurde apparaît dans la littérature durant la période d'après-guerre. Le courant reflète parfaitement le sentiment général de cette époque. Confronté à deux guerres mondiales et à l'extermination de millions de personnes au nom d'une idéologie absurde, l'homme se sent étranger dans ce monde qu'il ne comprend plus, il est incapable de trouver un sens à son existence.

Beaucoup d'auteurs se sont intéressés à l'absurdité de la condition humaine avant Camus : Franz Kafka et Fiodor Dostoïevski cités dans *Le Mythe de Sisyphe*, Nikolaï Gogol ou encore Dino Buzzati avec *L'Enfer du tartare* en 1940. Dès 1942, Camus définit la notion d'absurde dans son essai *Le Mythe de Sisyphe*, mais aussi à travers le personnage de Meursault dans *L'Etranger* ou encore du sanguinaire empereur dans *Caligula*.

En 1950, Eugène Ionesco inaugure un nouveau genre : le théâtre de l'absurde. Bien loin des pièces absurdes de Camus qui conservent une structure classique, son « anti-pièce » *La Cantatrice chauve* repousse les limites de création et rompt totalement avec les règles conventionnelles de la dramaturgie. Le refus du réalisme, l'absence totale d'intrigue au sens narratif du terme, l'incohérence des actions et des dialogues illustrent la difficulté à communiquer, le vide et l'absurdité de la vie.

On retrouve ces mêmes caractéristiques dans *En Attendant Godot* de Samuel Beckett en 1952. Deux ivrognes attendent l'arrivée de Godot, figure métaphysique d'un Dieu salvateur qui ne vient jamais.

DANS LA MÊME COLLECTION
(par ordre alphabétique)

- **Anonyme**, *La Farce de Maître Pathelin*
- **Anouilh**, *Antigone*
- **Aragon**, *Aurélien*
- **Aragon**, *Le Paysan de Paris*
- **Austen**, *Raison et Sentiments*
- **Balzac**, *Illusions perdues*
- **Balzac**, *La Femme de trente ans*
- **Balzac**, *Le Colonel Chabert*
- **Balzac**, *Le Lys dans la vallée*
- **Balzac**, *Le Père Goriot*
- **Barbey d'Aurevilly**, *L'Ensorcelée*
- **Barbey d'Aurevilly**, *Les Diaboliques*
- **Bataille**, *Ma mère*
- **Baudelaire**, *Les Fleurs du Mal*
- **Baudelaire**, *Petits poèmes en prose*
- **Beaumarchais**, *Le Barbier de Séville*
- **Beaumarchais**, *Le Mariage de Figaro*
- **Beauvoir**, *Mémoires d'une jeune fille rangée*
- **Beckett**, *Fin de partie*
- **Brecht**, *La Noce*
- **Brecht**, *La Résistible ascension d'Arturo Ui*
- **Brecht**, *Mère Courage et ses enfants*
- **Breton**, *Nadja*
- **Brontë**, *Jane Eyre*
- **Camus**, *L'Étranger*
- **Carroll**, *Alice au pays des merveilles*
- **Céline**, *Mort à crédit*
- **Céline**, *Voyage au bout de la nuit*

- **Chateaubriand**, *Atala*
- **Chateaubriand**, *René*
- **Chrétien de Troyes**, *Perceval*
- **Cocteau**, *Les Enfants terribles*
- **Colette**, *Le Blé en herbe*
- **Corneille**, *Le Cid*
- **Crébillon fils**, *Les Égarements du cœur et de l'esprit*
- **Defoe**, *Robinson Crusoé*
- **Dickens**, *Oliver Twist*
- **Du Bellay**, *Les Regrets*
- **Dumas**, *Henri III et sa cour*
- **Duras**, *L'Amant*
- **Duras**, *La Pluie d'été*
- **Duras**, *Un barrage contre le Pacifique*
- **Flaubert**, *Bouvard et Pécuchet*
- **Flaubert**, *L'Éducation sentimentale*
- **Flaubert**, *Madame Bovary*
- **Flaubert**, *Salammbô*
- **Gary**, *La Vie devant soi*
- **Giraudoux**, *Électre*
- **Giraudoux**, *La Guerre de Troie n'aura pas lieu*
- **Gogol**, *Le Mariage*
- **Homère**, *L'Odyssée*
- **Hugo**, *Hernani*
- **Hugo**, *Les Misérables*
- **Hugo**, *Notre-Dame de Paris*
- **Huxley**, *Le Meilleur des mondes*
- **Jaccottet**, *À la lumière d'hiver*
- **James**, *Une vie à Londres*
- **Jarry**, *Ubu roi*
- **Kafka**, *La Métamorphose*
- **Kerouac**, *Sur la route*
- **Kessel**, *Le Lion*

- **La Fayette**, *La Princesse de Clèves*
- **Le Clézio**, *Mondo et autres histoires*
- **Levi**, *Si c'est un homme*
- **London**, *Croc-Blanc*
- **London**, *L'Appel de la forêt*
- **Maupassant**, *Boule de suif*
- **Maupassant**, *La Maison Tellier*
- **Maupassant**, *Le Horla*
- **Maupassant**, *Une vie*
- **Molière**, *Amphitryon*
- **Molière**, *Dom Juan*
- **Molière**, *L'Avare*
- **Molière**, *Le Malade imaginaire*
- **Molière**, *Le Tartuffe*
- **Molière**, *Les Fourberies de Scapin*
- **Musset**, *Les Caprices de Marianne*
- **Musset**, *Lorenzaccio*
- **Musset**, *On ne badine pas avec l'amour*
- **Perec**, *La Disparition*
- **Perec**, *Les Choses*
- **Perrault**, *Contes*
- **Prévert**, *Paroles*
- **Prévost**, *Manon Lescaut*
- **Proust**, *À l'ombre des jeunes filles en fleurs*
- **Proust**, *Albertine disparue*
- **Proust**, *Du côté de chez Swann*
- **Proust**, *Le Côté de Guermantes*
- **Proust**, *Le Temps retrouvé*
- **Proust**, *Sodome et Gomorrhe*
- **Proust**, *Un amour de Swann*
- **Queneau**, *Exercices de style*
- **Quignard**, *Tous les matins du monde*
- **Rabelais**, *Gargantua*

- **Rabelais**, *Pantagruel*
- **Racine**, *Andromaque*
- **Racine**, *Bérénice*
- **Racine**, *Britannicus*
- **Racine**, *Phèdre*
- **Renard**, *Poil de carotte*
- **Rimbaud**, *Une saison en enfer*
- **Sagan**, *Bonjour tristesse*
- **Saint-Exupéry**, *Le Petit Prince*
- **Sarraute**, *Enfance*
- **Sarraute**, *Tropismes*
- **Sartre**, *Huis clos*
- **Sartre**, *La Nausée*
- **Senghor**, *La Belle histoire de Leuk-le-lièvre*
- **Shakespeare**, *Roméo et Juliette*
- **Steinbeck**, *Les Raisins de la colère*
- **Stendhal**, *La Chartreuse de Parme*
- **Stendhal**, *Le Rouge et le Noir*
- **Verlaine**, *Romances sans paroles*
- **Verne**, *Une ville flottante*
- **Verne**, *Voyage au centre de la Terre*
- **Vian**, *J'irai cracher sur vos tombes*
- **Vian**, *L'Arrache-cœur*
- **Vian**, *L'Écume des jours*
- **Voltaire**, *Candide*
- **Voltaire**, *Micromégas*
- **Zola**, *Au Bonheur des Dames*
- **Zola**, *Germinal*
- **Zola**, *L'Argent*
- **Zola**, *L'Assommoir*
- **Zola**, *La Bête humaine*
- **Zola**, *Nana*
- **Zola**, *Pot-Bouille*